U0481428

·首位女性诺贝尔奖得主的传奇人生·

玛丽·居里

改变世界的女性

[德] 克里斯蒂娜·舒尔茨·莱斯 著

[德] 雷吉纳·凯恩 绘

郭 鑫 译

南京大学出版社

(德国)

(瑞典)

(摩纳哥,国际抗癌联盟纪念邮票)

(波兰)

(波兰)

(波兰,玛丽·居里诞辰100周年纪念邮票)

(坦桑尼亚)

(圣赫勒拿岛)

(瑞典)

(法国,国际抗癌联盟纪念邮票)

(吉布提)

(西班牙)

(印度)

(法国)

玛丽·居里的故事

　　玛丽·居里是迄今为止全世界最负盛名的女性科学家之一。1867年11月7日，她出生于波兰华沙，原名玛丽亚·斯克洛多夫斯卡。在她的家乡，那时女孩子不能上大学。于是，她远赴巴黎求学，还把名字按照法语习惯改成"玛丽"。后来，她与法国科学家皮埃尔·居里结婚，成为"居里夫人"。她毕生都在从事科学研究工作，最伟大的成就是发现了两个不为人知的新元素——钋和镭，并将它们的特性命名为"放射性"。1903年，她荣获诺贝尔物理学奖，成为全世界第一个获此殊荣的女性。在这之前，这项科学界的最高荣誉一直由男性独享。八年后，她又摘得诺贝尔化学奖桂冠。两次获奖都在科学界引起巨大轰动。此前，女性在科学界并未受到足够重视，长期无法拥有和男性相同的权利——在她的研究领域也是如此。她全身心投入研究，研发"居里疗法"——借助放射线与恶性肿瘤做斗争。不幸的是，由于在研究中长时间暴露在放射线环境下，她的身体遭到了不可逆的伤害。但她并不介意，因为她认为把新元素用于医学、造福人类才是更加重要的事情。1934年7月4日，视力和听力丧失近半的玛丽·居里在桑塞罗谟的疗养院逝世。

物理学的奥秘

年仅四岁的玛丽亚来到父亲的实验室,一脸惊叹地站在高大的玻璃柜前。柜子里摆放着好些薄壁玻璃管,除此之外,还有小巧的天秤、闪光的石头、有着金色底盘的奇特支架。这些东西都是什么呢?"咳咳!"身后有人清了清嗓子,把她从沉思中拉回现实。原来父亲已经在那里站了好一会儿。

"这些都是什么呀?"她问父亲。父亲回答道:"这些都是物理器材。"

"物……什么?"玛丽亚试着重复这个不太好懂的词。身为科学老师的父亲向玛丽亚解释说:"物理学家要研究各种各样的东西,研究它们有什么特点、有哪种力量、怎么被外来的力量影响和改变……进行这些研究就需要用到这些器材。"父亲看着玛丽亚懵懂的小眼神,继续补充道:"为什么你一松手,东西就会掉到地上,天上的星星却掉不下来?为什么树叶会随风摇摆?为什么自由流淌的水从来不会往高处去?物理学家就是在寻找这类问题的答案。他们想要揭开自然规律的神秘面纱,使人类学会运用这些知识。"

对于玛丽亚感到好奇的事物,父亲和母亲总会耐心地解释给她听。她强烈地渴求知识,好像永远都不会满足。这个四岁小女孩的知识量和能力经常让父亲母亲感到不可思议。有一次,年长她两岁的姐姐布罗尼亚正在刻苦地练习阅读,玛丽亚从姐姐手里接过书,准确无误、自然流畅地读出了一整句话。读完之后,这位小小朗诵家看到全家人目瞪口呆的神情,不知所措地哭了起来,抽抽搭搭地说:"你们别生气,我不是故意的,我只是……觉得还挺简单的。"父母被这童言稚语逗得笑出声来。这对夫妇的另外几个孩子都不算聪明过人，只有这个最小的孩子在很多方面显示出了惊人的才华。

  阅读练习活动结束了，母亲拍了拍玛丽亚的肩膀，算是对她的安慰和鼓励。看着这一屋子的淘气包，她催促道："都出去吧，去院子里玩！"他们冲到院子里玩起了游戏——九岁的大姐索菲亚开始"抓捕"她的弟弟妹妹们。

求知探险

"你看,他们玩得多开心啊!"母亲对父亲说道。他们一家并不富裕,只有在孩子们欢笑嬉闹时,母亲的心情才会稍稍轻松些。玛丽亚出生前,母亲就感染了一种在当时无法治愈的疾病——肺结核。所以她从不拥抱孩子们,要是有哪个小家伙凑得太近,她就会毫不留情地走开,因为她担心把危险的病原体传染给孩子们。这让心思细腻的玛丽亚尤为难过,有时她会恳求母亲:"我想抱抱你,哪怕就一次。"

"不行!"虽然母亲也很难过,但她还是严词拒绝了。为了补偿他们,父母总是会给他们安排很多娱乐活动,放假时还会带他们去乡下亲戚家做客。一到乡下,他们就会化身成兴致勃勃的冒险家。从黎明到黄昏,他们总是在户外漫游、爬树、搭建木屋,收集五颜六色的鹅卵石、废弃的鸟巢、七扭八歪的树枝、橡果……有时,他们还会赤脚涉过溪流,徒手抓鱼。

即使是在华沙的家里,每次散步也都像是精彩刺激的"考察旅行"。父亲对身边的一切都了如指掌,比如他知道那些年代久远的房子和宫殿都是谁建的、谁住过,或者传说中的美人鱼如何庇护波兰首都华沙变得繁荣富裕。他还认识维斯瓦河边和水里的动植物;知道公园里的花都叫什么名字;向孩子们解释为什么夕阳西下时会把天际染红;为什么夜空中的月亮有时是圆的,有时又变成细细的镰刀;什么时间在哪里能看到哪些星座……

周六晚上,父亲会给全家人读故事,不仅有家乡波兰的故事,还有俄语、法语、德语和英语的原版故事。这些语言他都懂,他会把故事逐字逐句地翻译成波兰语后再讲给孩子们听。

父亲为什么这么用心地向孩子们传授知识?他这样告诉孩子们:"你们要记住,所有东西都有可能失去,只有装在脑子里的东西谁也拿不走!"

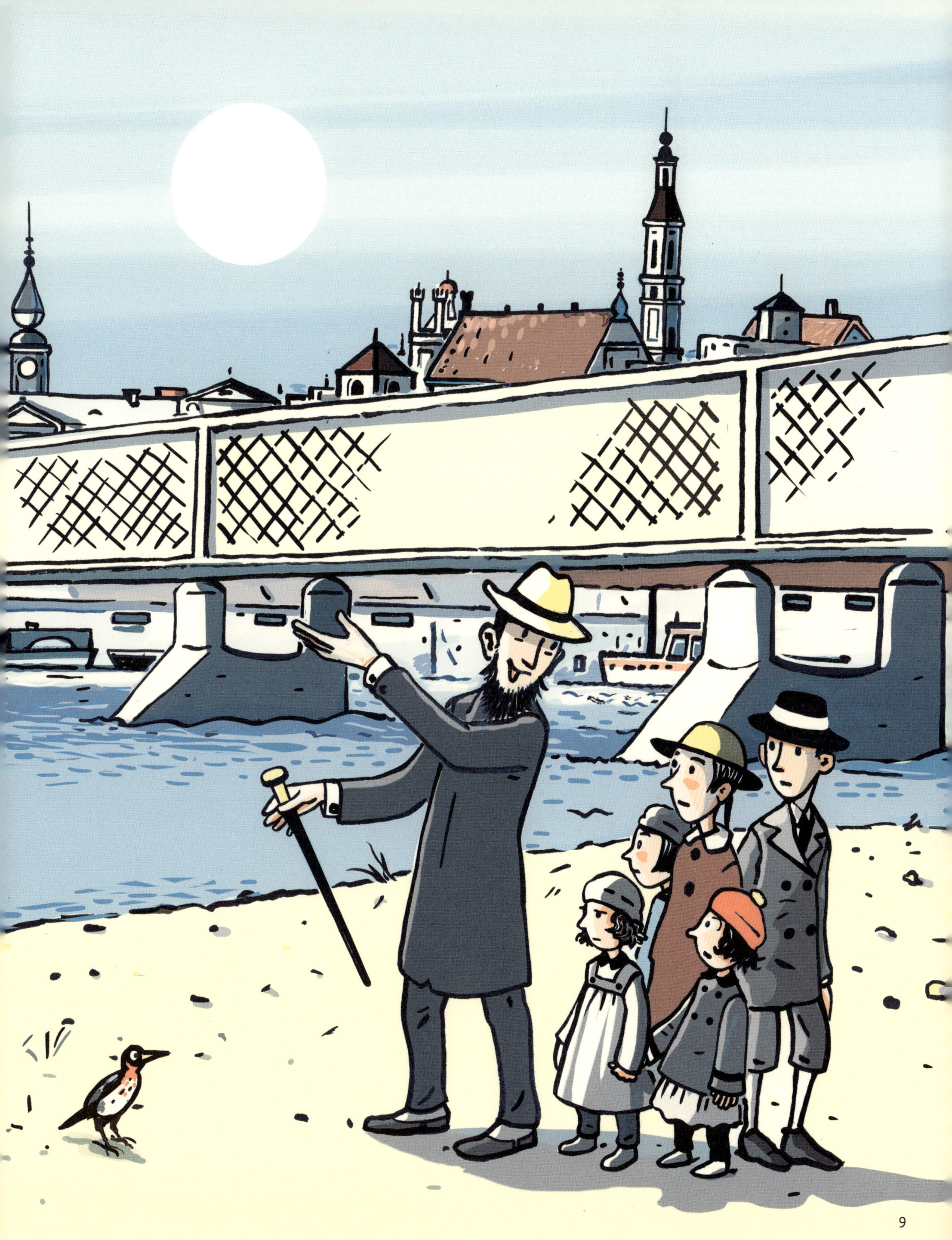

整个世界仅是一所学校

玛丽亚的父亲在教学时，很重视讲授波兰的文化和历史。可在那样一个年代，他们的国家被沙皇俄国统治，人民曾多次起义反抗，却都无济于事。沙俄统治者希望剔除所有波兰元文化元素，使人们——尤其使年轻人丧失"波兰人"的身份认同，为此教科书必须接受严格审查，且课堂上只允许讲俄语，所有违反规定的人都要受罚，玛丽亚的父亲也未能幸免。因为他使用波兰语讲课，所以被撤销了职务，不仅扣发工资，而且不能继续住在学校提供的免费公寓里。

他们不得不搬进比原来小很多的新家，即便如此，父亲仍然没有足够的钱支付房租，于是他们招收了十名寄宿生来分担压力。放学后，父亲还要给寄宿生补习功课，玛丽亚只好睡在沙发上。这些寄宿生每天早上六点就得起床上学，玛丽亚也会跟着起床。要是感觉太吵闹，她就一头扎进书堆里，伸手拿到什么就读什么：虚构小说、诗歌、纪实作品，甚至父亲的专业著作。读书让她忘掉了身边的纷纷扰扰。后来，玛丽亚在回忆起这段时光时说道："那时，我的整个世界仅是一所学校。"

六岁时，玛丽亚终于走进了一所真正的女校。短短几星期后，她就跳级到了三年级。整个小学和中学期间，这位聪明的孩子始终是班里年纪最小、成绩名列前茅的人。有时，政府人员会闯入课堂，突击检查老师们是否遵守规定，所以玛丽亚总是被安排在前排——她不仅可以用俄语对答如流，而且还知道所有问题的正确答案。等"可恶的盯梢者"离开教室后，老师和学生们才如释重负，把匆忙藏起的笔记本拿出来，继续用波兰语上课。

学习给玛丽亚带来了巨大的快乐，也帮助她走过了艰难的时期。玛丽亚九岁时，大姐索菲亚因患恶性传染病离世。两年后，也就是1878年，母亲也撒手人寰。那段时间玛丽亚每晚都会祈求："请让我母亲好起来吧，别让她死掉！"

父亲希望无论是儿子还是女儿都可以获得高中学历。可是在这所俄语女子高中，波兰籍学生无法得到足够的尊重。有一位俄国女教师尤其喜欢为难玛丽亚。上课时，玛丽亚刚站起身发言，这位老师便盛气凌人地训斥毫无恶意的孩子："你别总是这样低头看我，这是一种羞辱！"玛丽亚一脸无辜地问道："那我应该怎么做？"她的确不知道应该如何做，因为她本来就比这位粗鲁的老师高出整整一个头。

这些乱七八糟的事情并没有影响她的学习，在她的结业成绩单上，没有哪门课的分数低于5分（满分）。不满十六岁的玛丽亚不仅是毕业生中年龄最小的，还是成绩最好的。离校前夕，学校将一枚金质奖章授予优秀的她。这位姑娘虽然感到骄傲，但又不免茫然自问：这奖励有什么用呢？这里只有男生才可以上大学！

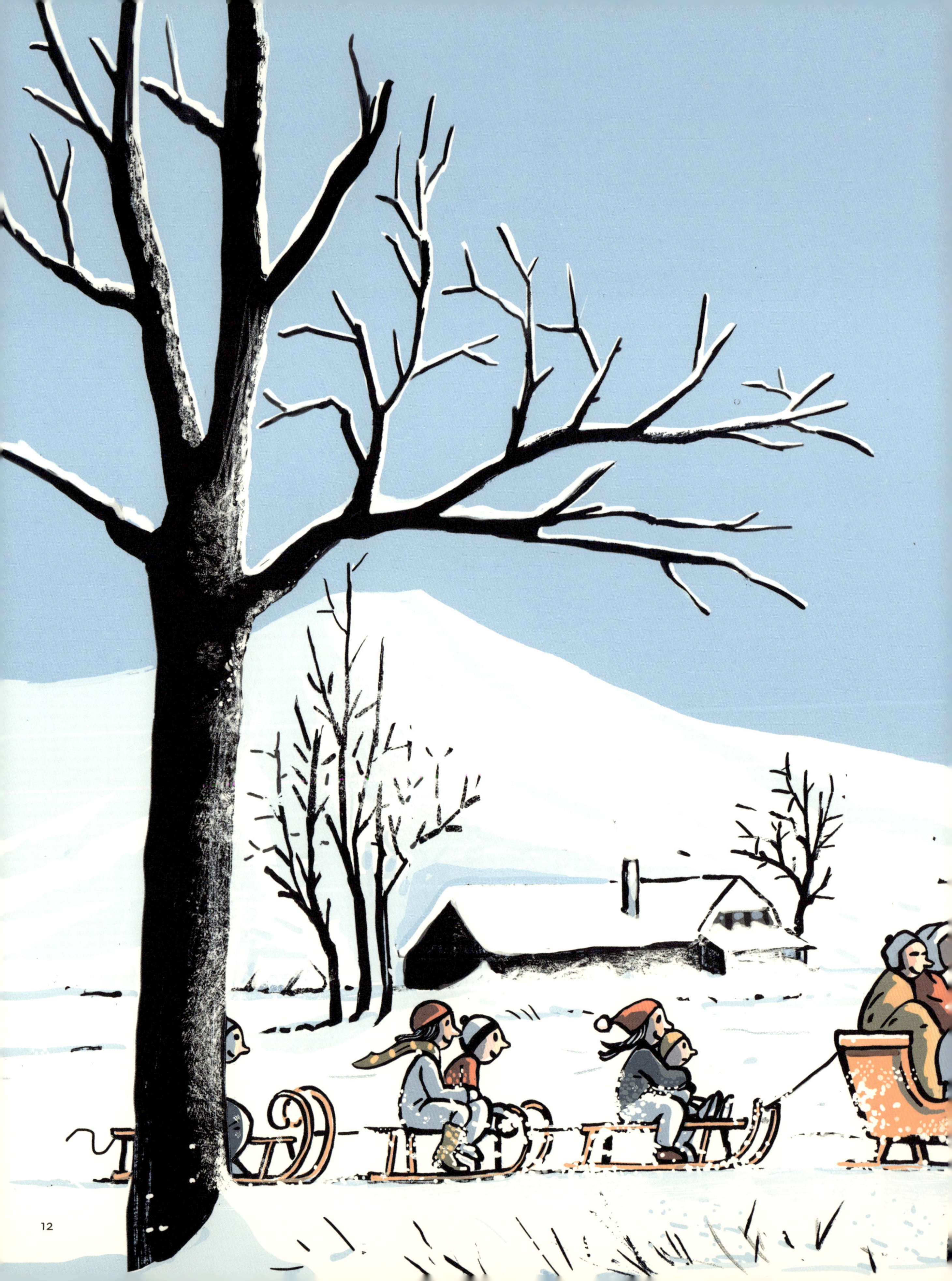

难得的悠闲时光

玛丽亚努力学习耗费了巨大心力，消瘦许多。父亲很担心，于是建议道："我觉得你需要休息一阵子，什么事都不要做！不妨来一场旅行，去走遍波兰吧。"父亲把小女儿送到乡下去休养，那是玛丽亚一生中最无忧无虑的时光。整整一年，她南来北往穿梭于家乡各地，从一个亲戚家到另一个亲戚家，每一家都热情接待了她。堂兄弟、表姐妹们教会了她划船、游泳、滑冰。当玛丽亚第一次坐上车夫的高座、拉起缰绳赶马车时，年轻的伙伴们都开玩笑道："我们没想到，像你这样的城里孩子还会做这个！"

姑娘、小伙子们在高塔特拉山徒步远行，在山里清澈的湖水中游泳。狂欢节之际，来自华沙的玛丽亚第一次体验了山间雪橇骑行派对——库力格运动。这是波兰传统的冬季娱乐项目，刚刚长大成人的伙伴们装扮成农民，把雪橇一个接一个地连起来，由举着火炬的骑手护送。他们坐着雪橇穿行于冰天雪地之中，从一个农庄到另一个农庄。每个农庄都盛情款待他们，乐手演奏舞曲，人们和着音乐跳起华尔兹、勇士舞、玛祖卡，直到启程前往下一站。

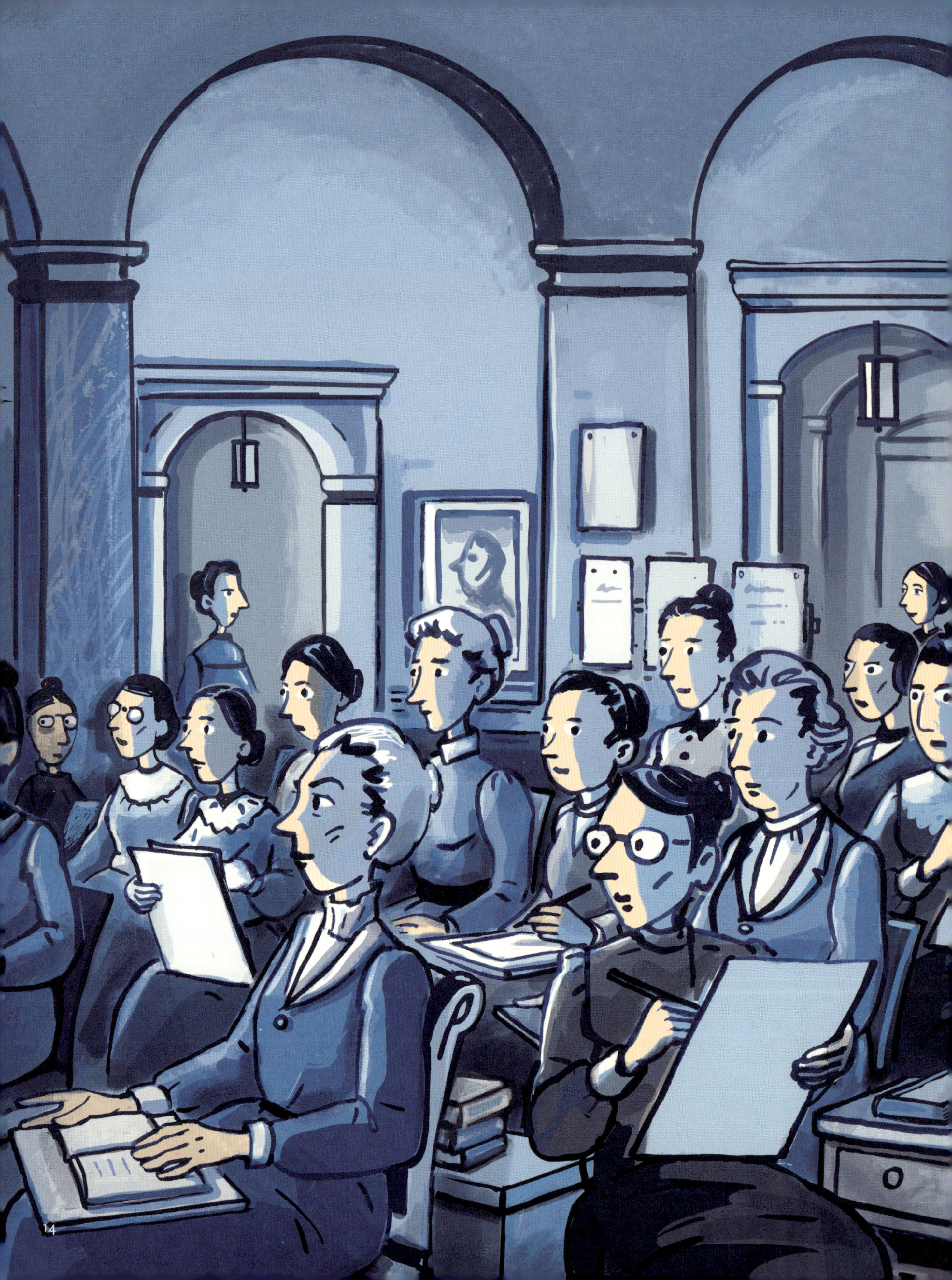

每年的库力格运动结束后，人们都会推选出最佳舞者。出乎意料的是，那次大家居然选了玛丽亚！她在波兰北部的马祖里湖区度过了那一年的夏天，她给家里写信说："我们想到什么就做什么，可能晚上睡觉，也可能白天睡觉，我们跳舞，或者干各种无聊的傻事，有时傻到简直可以被送去医院了。"

艰难时期

1884年秋天，无忧无虑的岁月结束了——父亲退休了，家里也招不到寄宿生。父亲微薄的退休金只够支付儿子上大学的费用，女儿们只得自己赚钱谋生。玛丽亚在一户阔绰人家做家庭教师，那家人给的薪水很少，对她也不友好；她最爱的姐姐布罗尼亚给学生做课外辅导。当时，她们唯一的光明和希望就是去"流动大学"[①]上课。国家不允许民间私自创办这种独立学校，因此，一群年轻人秘密地聚集在工农业博物馆里偷偷学习。他们经常讨论如何解放波兰，尽管这也是被明令禁止的。当地还有一间实验室，玛丽亚时常利用晚上和周末的时间做实验。

姐妹俩非常渴望进入真正的大学学习！布罗尼亚梦想着读医科，玛丽亚梦想着成为自然科学老师。如同当时众多波兰人一样，她们也想去巴黎上学。但她们收入微薄，再怎么精打细算，也凑不够学费。还有别的办法吗？

一天，玛丽亚灵机一动，向布罗尼亚提议道："我去乡下找份工作，包吃包住，这样我就不用花钱了。你去法国读书，我把我存下的钱全部汇给你。等你大学毕业后，我们就换过来，你再来帮我！"一开始，布罗尼亚并不赞同："为什么不是你先去读书呢？你可比我聪明多了！"

---

① 自1882年起，在华沙私人住所里举办的女性地下自修课程。学校地点为各个私人住宅，经常变换，因此有"流动大学"之称。

"但你比我大呀！"玛丽亚非常坚定地回答道。几个月后，她便搬到距离华沙80千米的小山村丘什基，在当地一户富裕人家做家庭教师，她要教的是这家十八岁的女儿布隆卡和小儿子。每天工作一结束，她就不见了踪影。她从甜菜厂给工程师们设立的图书馆中借来书籍，躲在自己的房间，沉浸在阅读中直到深夜。一如两人约定的那样，布罗尼亚则开始在巴黎学习医科。

慢慢地，年轻的家庭教师玛丽亚逐渐了解了丘什基周边的情况。当地工人和农民的贫困程度令她感到震惊，孩子们的处境更是令她痛心——他们都不上学，而是日复一日地在田间劳作。她暗下决心，一定要帮助这些孩子。她向学生布隆卡透露了自己的想法："等孩子们收工后，还有周末，咱们可以去给他们上课。"不过她又立刻提醒道："你可得想清楚了，到底要不要帮我。要是消息泄露了，咱们俩都得被抓到西伯利亚去受罚。"西伯利亚在俄国东部，特别寒冷，那里有令人闻之色变的监禁营，关押着反对沙皇的波兰人。布隆卡不假思索地回答道："没问题，我肯定帮忙，我不害怕。"她马上征求了父母的意见，父母也没有反对。

从那时候起，农庄里专供工人通行的楼梯就变成了"周末课堂"。玛丽亚给20个孩子上课，教他们读书、写字、计算，偶尔也会有几位从未学过这些课程的母亲过来听课。玛丽亚在家书中写道："我觉得我很幸福。这些孩子给了我巨大的喜悦和慰藉。"不过三年之后，她在丘什基的幸福时光戛然而止——这户人家的长子在毕业前返乡探亲期间和玛丽亚相爱了，甚至还打算结婚。男方的父母强烈反对："你不能和这个家庭教师结婚，绝对不能。这个女孩和你门不当户不对。"面对家人的阻挠，小伙子屈服了。玛丽亚心灰意冷，选择回到华沙，那一年是1889年。

17

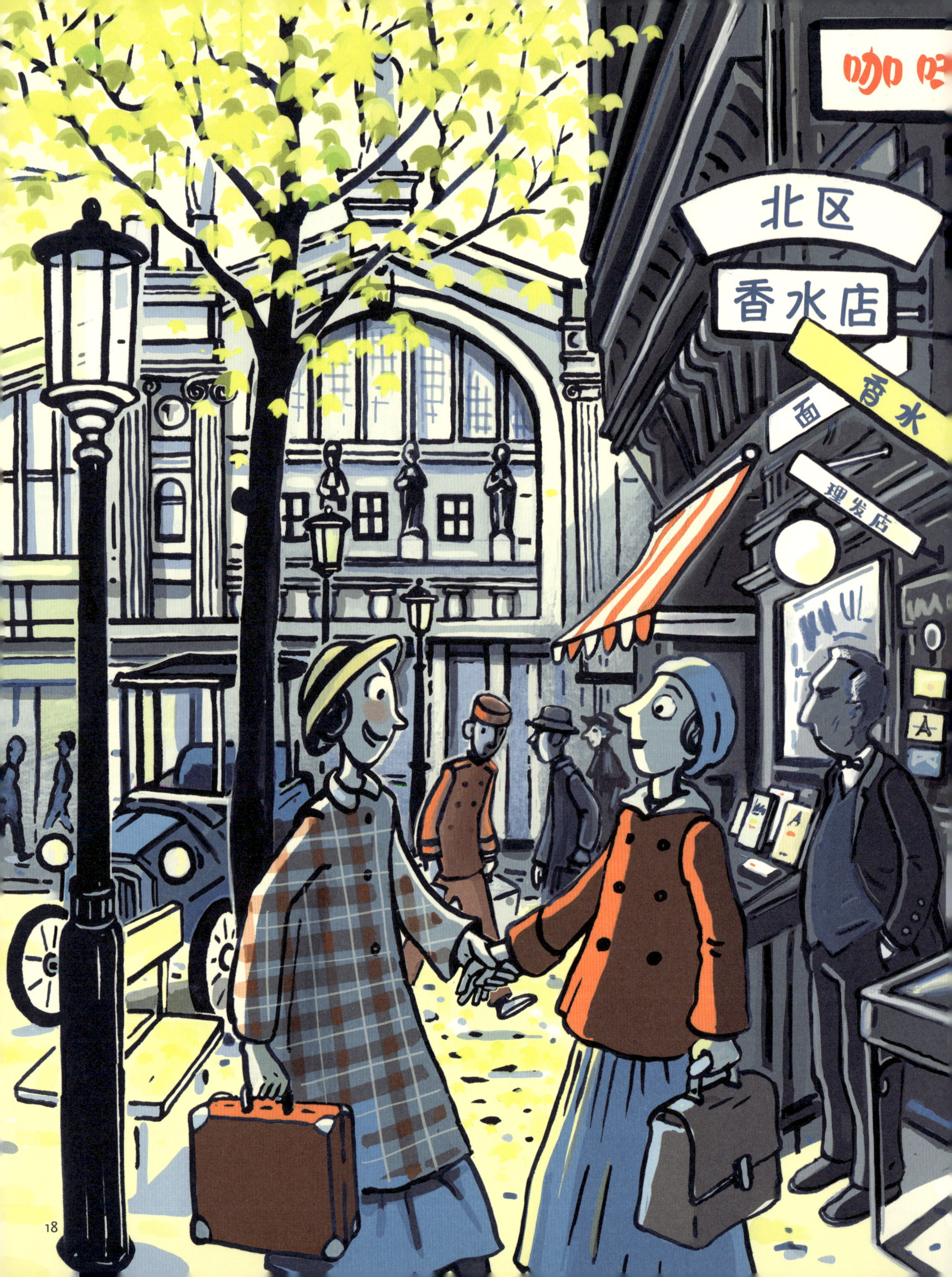
咖
北区
香水店
香水
面
理发店

从玛丽亚变成玛丽

一天，一封特殊的信从巴黎寄到了华沙。在信中，玛丽亚的姐姐布罗尼亚无比幸福地宣布："我要和卡齐米尔·德乌斯基结婚了，他和我们一样，都是波兰人，他在巴黎当医生。"她还叮嘱玛丽亚："现在轮到你来奋斗美好人生了！你先凑出几百卢布，明年就到巴黎找我们吧，可以和我们同吃同住。"玛丽亚思来想去犹豫不决：她要去吗？但话说回来，她待在华沙又能有什么前途呢？

一年半之后，她终于凑齐了去巴黎的路费和入学报名费。临行前，她向父亲保证："等我完成学业就回波兰当老师。"

她终于踏上了从华沙到巴黎的漫漫求学路，这条路近乎1600千米。玛丽亚买的是最便宜的车票，连座位都没有。不过，这位满怀热忱的女孩除了带着好几个箱子、一张床垫、一些食物之外，还带了一把折叠椅。她用被子裹住自己，紧紧抱着行李，在火车上度过了四天四夜。

终于，巴黎到了。姐妹俩紧紧相拥。玛丽亚激动得说不出话，布罗尼亚喜极而泣，哽咽着说："我太想你了！"她再也不想和妹妹分开了。

布罗尼亚和丈夫就住在他们经营的诊所里，玛丽亚搬进了其中的一个小房间。到达巴黎的第二天，她就以玛丽·斯克洛多夫斯卡的身份，在举世闻名的索邦大学注册入学。算上她，女学生只有23名，而男学生则有1800多名。入学后，玛丽可以申请任何想学的专业。她选择了物理，同时还选修了数学和化学类的课程。

大学的新生活

布罗尼亚和卡齐米尔的家很热闹，白天有许多患者进进出出，到了晚上或是周末，他们常常会邀请波兰籍同事和波兰裔艺术家、科学家、音乐家来家里做客。这种无休止的喧闹很快就让刚入学的玛丽吃不消了，她需要学习、学习，不断地学习。她的法语不太好，自然科学知识很贫乏，仍是中学生水平，课堂上教授的东西却更难，现在她反而成了需要课后补习的人。简而言之，她希望能安安静静地学习，不被打扰。于是，玛丽在索邦大学附近找了一间属于自己的小房间——布罗尼亚给她付的房租。这是一间屋顶阁楼，没有光照，没有暖气，求知若渴的她只得在昏暗的煤油灯光下学习。房间里也没有自来水，她得爬过六层又窄又陡的楼梯，一桶一桶地把水抬到楼上。到了寒冷的冬天，杯里的水都会结冰。布罗尼亚看到后大吃一惊："你在这儿会冻坏的！至少在冬天的时候搬回我们那里去住吧。"但是玛丽不为所动，艰难的生活不会对她造成任何困扰。

为了节省开支，玛丽几乎只靠茶水和面包度日，有时甚至会忘记吃东西。这位年轻的女孩好学上进、不惧困难。一天，她因体力不支晕倒在校园里。一位同学通知了布罗尼亚，布罗尼亚马上把妹妹接到身边，想要好好给她补充营养。但是才过了一周，玛丽又迫不及待地搬回了自己的小房间，一如既往地生活和学习。几十年后，她用文字记录下了这段时光："我所有的心思都围绕着我的学业。我的眼前展开了一个全新的世界——科学的世界，我可以随心所欲地去探索。"

透支体力、忍饥挨饿、缺少睡眠，她几乎没有时间去享受美好的事物，但这一切对玛丽而言都不算什么。她毕生渴求的只有一样东西：知识。

1893年7月，入学还不到两年的玛丽以年级第一的优异成绩完成了物理专业的学习。她还想接着学习数学专业，可读书的钱从哪儿来呢？

意料之外的事情发生了，她获得了波兰某基金会的一项出国留学奖学金。这是一位同学在她不知情的情况下帮她申请的。有了这笔奖金，接下来的十五个月就有救了。

此时又传来了一个好消息，一位教授很欣赏这位才华横溢的女性，于是替她争取到有偿的研究项目——受国家工业促进协会委托研究金属磁性。玛丽不敢相信自己能够如此幸运！

居里夫人

通过同事介绍，崭露头角的女研究员玛丽结识了一位德高望重的磁学家——皮埃尔·居里，他是巴黎物理化工学院的老师、实验室主任。通过不断实验，他发明了两种特别的测量仪器，发现了一个物理学公式，还发现了一个用他的名字命名的物理学定律——居里定律。两人初次见面之前，玛丽激动不已，她认为自己一定能从他身上学到很多东西！

皮埃尔对玛丽一见倾心，短短几分钟后，他们就开始深入探讨起磁学界的专业话题了。这位三十五岁的科学家从未见过如此聪明睿智的女性。别看玛丽只是个小姑娘，却能像与皮埃尔水平相当的资深学者一样和他聊天。玛丽也很高兴，心中暗想："尽管我没什么名气，但这位大人物却能严肃真诚地对待我。"居里先生不停地偷瞄玛丽的手，那是一双因长期使用化学物质而被侵蚀的手。居里先生不由得心生敬意，他断定这位姑娘不仅勤奋，而且毫不虚荣、毫不在意外表。

她有一双灰色的眼睛，高高的额头圆润饱满，几缕倔强的卷发散在额前，居里先生很喜欢她。此后，他们两人便经常见面。有一天，皮埃尔邀请玛丽去他位于巴黎西南部索镇的父母家做客。在那里，他问玛丽："你愿意成为我的妻子吗？"玛丽拒绝了求婚，她说："我的未来在波兰，我得把我的知识传播给家乡的青年。"

玛丽以年级第二的优异成绩从数学专业毕业，之后便离开了巴黎。但皮埃尔没有放弃，他不断写信寄往华沙，其中一封这样写道："请你回到这里吧，至少让我们成为亲密无间的朋友。"

玛丽在波兰找不到合适的职位，于是她不得不回到巴黎，继续从事磁学研究，并最终答应了皮埃尔的求婚。1895年7月26日，玛丽·斯克洛多夫斯卡成为居里夫人。两年后，夫妻俩生了一个可爱的女儿，取名伊雷娜。宝宝的到来让玛丽沉浸在幸福中，但她不愿因此放弃工作。此时皮埃尔的母亲刚刚去世，父亲干脆搬到巴黎和他们一起住。伊雷娜以及七年之后出生的妹妹艾芙，都是在爷爷的照顾下长大的。

全世界最贵的元素

对科学界而言，19世纪末到20世纪初是一个令人振奋的年代：1895年，威廉·康拉德·伦琴发现并命名了伦琴射线（X射线），这种射线可以帮助我们看到人体内部；一年后，物理学家亨利·贝克勒尔发现化学元素铀会放出神秘射线，使周围空气具有导电性能，但他不清楚射线的来历和性质。玛丽听说后，告诉丈夫："这是个激动人心的课题，我的博士论文要研究这个！我想探寻射线背后的秘密。"此时，她还未曾预料到，她将引领科学发展进入新的时代。

玛丽要做的第一件事就是逐个分析矿石中含有哪些独立的化学成分，也就是元素。这些纯净物的属性各不相同，具有不同的熔点、沸点和导电能力。皮埃尔任教的学校把后院一座年久失修的小棚屋提供给玛丽做研究场所。夏天，玻璃屋顶下方闷热得好像蒸笼；下雨时，雨水顺着各处缝隙和裂口滴下来，在地面聚成水洼；冬天则滴水成冰。玛丽并不在乎，不过做实验会产生一些有害气体，所以她更愿意到户外工作。只要天气允许，她就会把研究材料、测量仪器拖出来摆到院子里。一旦感觉要下雨了，再把它们拖回去。她的实验结果为人们的合理推测提供了一定依据：在被她称作"放射线"的神秘射线背后，除了铀，应该还藏着其他物质。很快，她便发现了钍元素的放射性。只是这两种元素还不足以带来如此强烈的射线。她同皮埃尔商讨："会不会存在目前还不为人知的其他元素呢？"丈夫鼓励她继续探究。果然如此！玛丽·居里发现了两种新元素。她给第一种取名为"钋"，致敬家乡波兰（钋和波读音近似）；第二种元素的放射性要强烈得多，她将其命名为"镭"。皮埃尔对妻子满怀赞赏和认可，他说："玛丽，你真应该为自己骄傲！"她的新发现引起了全世界科学家的关注。

镭元素具有哪些特性呢？为了弄清楚这个问题，必须提取出纯净的镭。这不仅要耗费大量精力，也要花费很多金钱。玛丽没有得到法国政府方面的任何支持，不过她算是得到了皮埃尔的支持——他停止了自己在磁学方面的研究，专职做教师；同时，玛丽也在一所女子中学教书赚钱，毕竟这个家还要维持生计。

后来，他们居然得到了来自维也纳的科研资助——奥地利科学院捐赠给居里夫妇一吨沥青铀矿渣。这种含铀的采矿废料由黑色、褐色、淡绿色的矿物组成，看上去就像深色的岩石。

玛丽的工作劳心费力、烦琐枯燥，她罩着沾满灰尘和酸渍的工作袍，日复一日地站在呛人的院子里。首先，她得把沥青铀矿渣碾碎，一铲接一铲地把碎渣倒进大号的冶炼炉里；接着加热容器，煮熔碎渣，要连续搅拌几个小时，碎渣会变黏稠；最后，玛丽还要过滤这锅"糊糊"，皮埃尔帮她测算过滤之后的剩余成分，分析它们具有怎样的化学特性，观察在放射性物质的作用下，空气的导电性能如何变化。

实验中的步骤需要不断重复，不仅费力还费时，为此，皮埃尔专门发明制作了一个特殊的测量仪器。1898年到1902年这四年他们都是在这样的不断重复中度过的。最终，她只从中提炼出非常微量的镭——只有0.1克！父亲祝贺她说："你为它投入了这么多，仅凭你的辛勤付出，它就堪称全世界最贵的元素。"

27

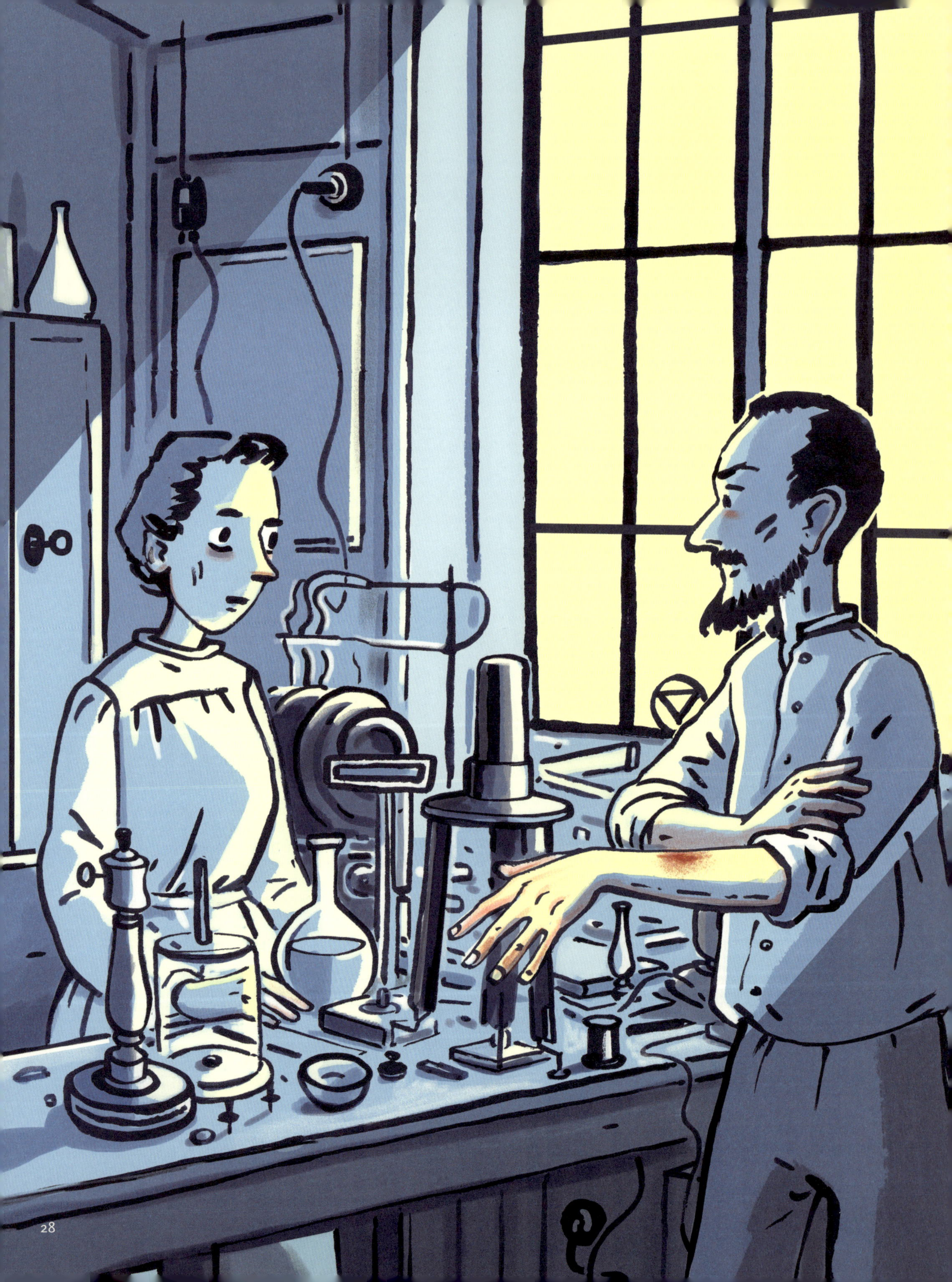

研究的代价

玛丽和皮埃尔为他们的发现付出了最高昂的代价——健康，他们总是感到疲惫乏力。皮埃尔夜里频繁醒来，关节疼痛不已。由于担心丈夫，玛丽也彻夜难眠，经常在房间里徘徊数小时，两人都日渐消瘦。起初，两个人都以为是工作太辛苦导致的，但他们仍不想放弃。

皮埃尔说："不管发生什么，哪怕只剩一具没有灵魂的躯壳了，也还是要工作。"他们身体的受损情况越发明显了：指尖开始发炎、变硬、疼痛，手部皮肤出现鱼鳞状皮。这些都是镭元素的神秘力量所致。但夫妻俩并不担心，反而经常深夜返回实验室，兴奋地观察研究进展，从外面很远的地方，就能看到窗户里面放射性物质发出的光。玛丽被深深地迷住了，说："看呀，皮埃尔，真像仙女的魔法之光！"

随着时间的推移，他们才逐渐发觉镭元素的危险性，其放射性甚至会传给周围的物品。直到今天，这对科学家夫妇的遗物仍然带有很强的放射性，只有穿上防护服才可以靠近。镭能让纸张和棉絮分解成粉末，能破坏人体细胞，夫妻俩已经亲身体验到了。但他们并不在意，皮埃尔还拿自己做起了实验。他将极其微量的镭置于小臂，接触数小时，实验结果描述为：皮肤发红，范围约6平方厘米，日渐严重，外观与烫伤类似；第二十天，表面发硬，形成伤痕；第四十二天，皮肤开始从外围向中心复原；又过十天，仍然留有1平方厘米左右的伤痕，观察其形态可以推断，受伤位置比较深。玛丽只是短暂地把一个装有镭的小玻璃管放进封闭的金属盒子，然后再揣进围裙的兜里随身带着，便也遭受了类似的灼伤。

他们没有刻意防护，倒是更关心能否将镭用于医疗。癌症患者的恶性细胞会不断增殖，入侵周围的健康组织，他们希望利用镭的特性来杀死人体内的癌细胞。

他们开始在病人身上做试验，最终设计出以他们名字命名的"居里疗法"。直到今天，这种疗法仍然是人类对抗癌症的重要武器。

荣誉和奖项纷至沓来：英国科研机构皇家研究院在伦敦为他们授予了珍贵的奖章；玛丽的博士论文得到了高度赞扬；全世界的科学家都想向他们夫妻俩学习请教；斯德哥尔摩捧出科研人员的世界级最高荣誉迎接他们——1903年，他们和发现神秘射线的亨利·贝克勒尔共同获得诺贝尔物理学奖。玛丽·居里由此成为世界上第一位获得诺贝尔奖的女性。不过这还是在皮埃尔的坚持下才实现的，皮埃尔表态说如果不给玛丽发奖，他也不会接受他的奖项。在那个年代，仍有很多人觉得女性没有资格获得诺贝尔奖。

至暗时刻

获奖后，享誉全球的居里夫妇很难再低调地出行了。在巴黎，他们经常被路人认出和围观，他们厌烦这种闹哄哄的场面，玛丽甚至生气地说道："我真想躲到地底下去。"同事建议他们将提炼镭元素的方法申请专利，以此发家致富。夫妻俩坚定地回绝了，他们认为："科学应该造福人类，谁也不能靠镭敛财，它就是一个元素，是属于全世界的。"他们无偿分享关于镭的知识。相反，有些人却做起了镭的生意，建立了像模像样的"镭健康"产业，赚得盆满钵满。这些人声称镭可以使人健康、强壮、漂亮。镭产品卖得特别火爆，如含镭功能饮料、镭黄油、镭啤酒、镭巧克力，甚至还有镭香水、镭香粉、镭面霜等，谁都没有在意放射性物质是多么危险。镭产品工厂的女工受到射线影响而生病的案例越来越多，症状之一是骨头特别脆弱。这些消息被封锁了很长时间，直到20世纪中期，相关部门才出面叫停了这场疯狂的闹剧。

镭奶油

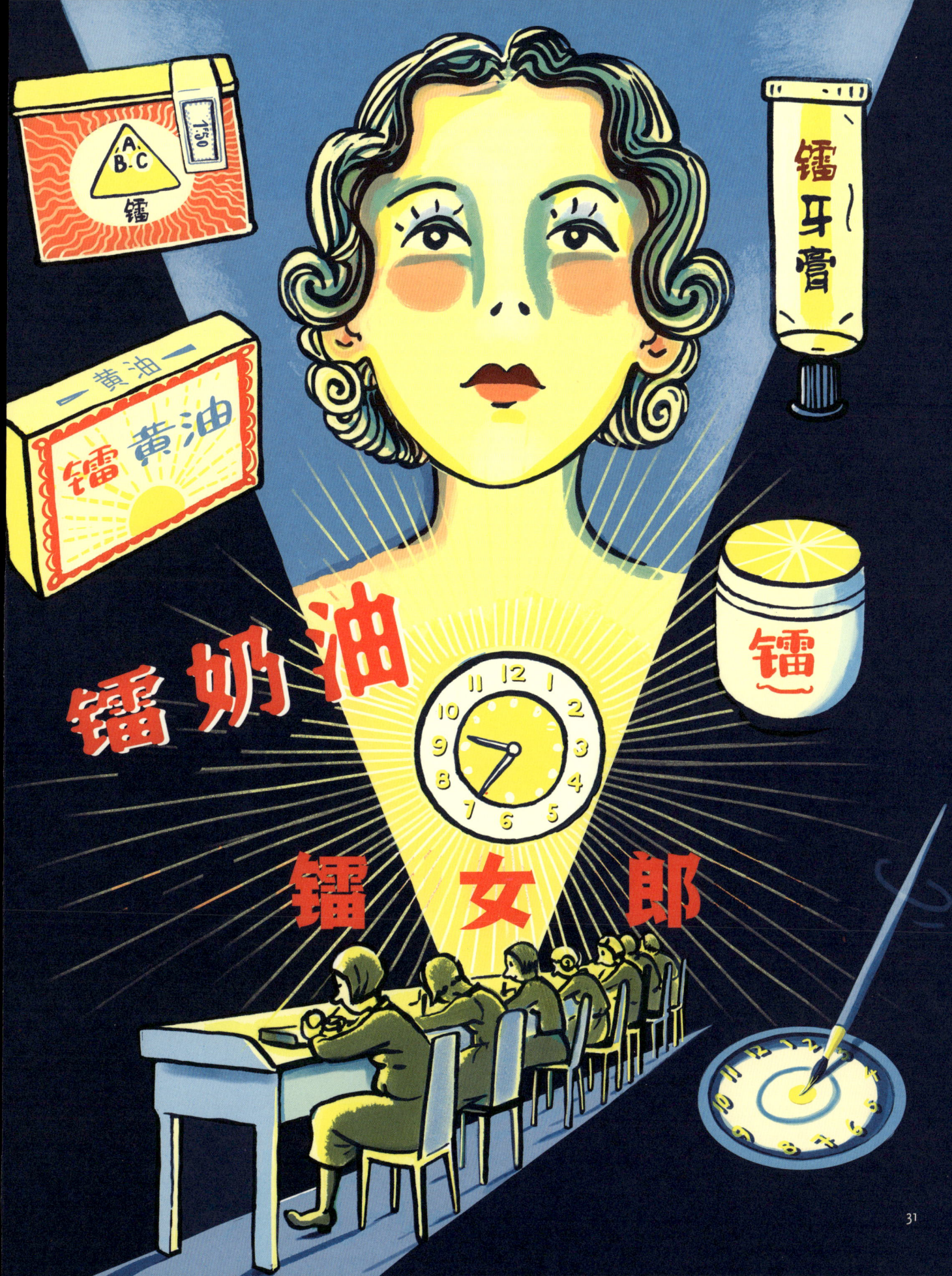

镭女郎

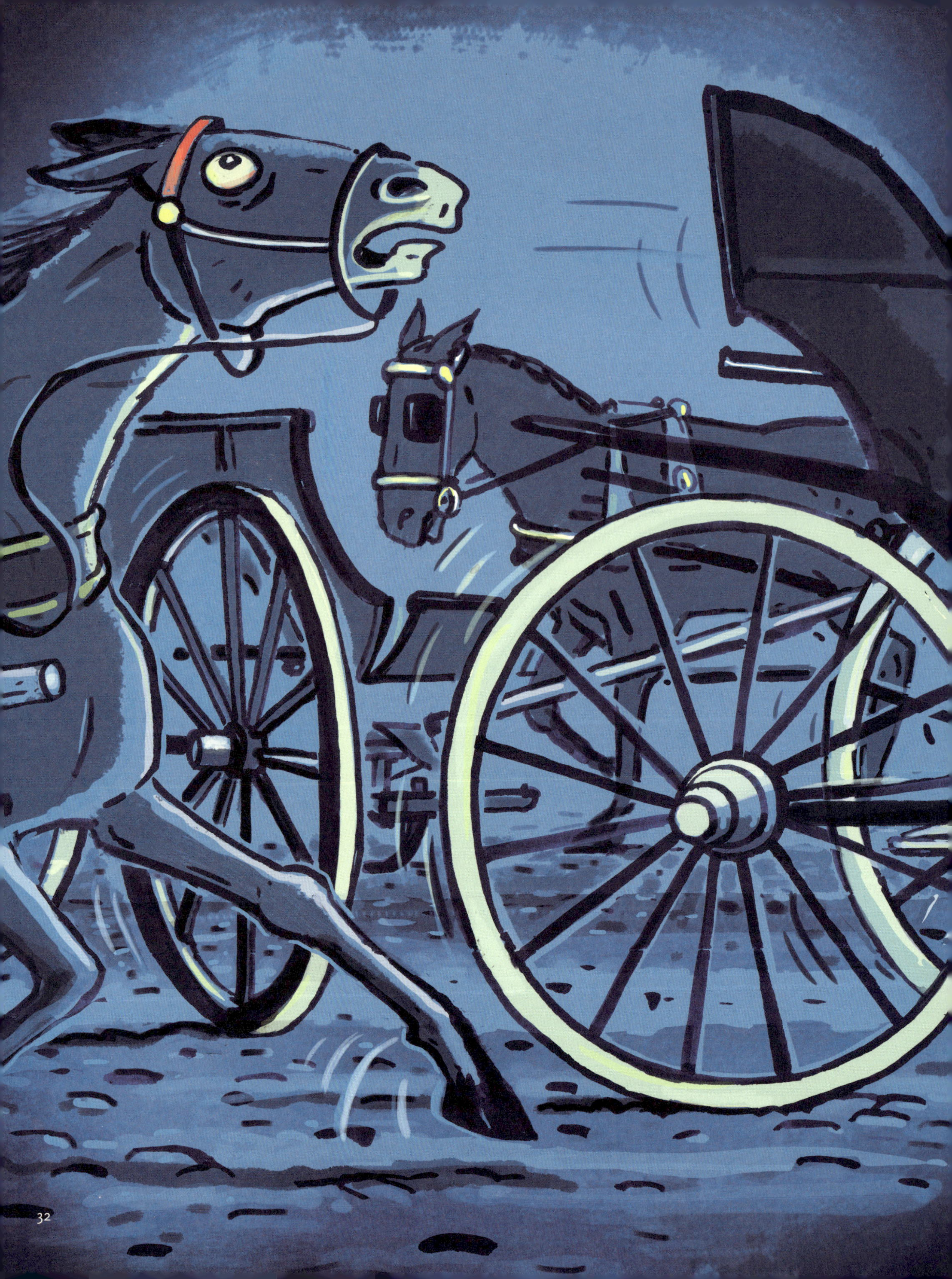

1904年是奔波忙碌的一年。皮埃尔在斯德哥尔摩补做诺贝尔奖的领奖报告[①]，他警告世人：如果镭元素被邪恶之手滥用，将是非常危险的。诺贝尔奖的设立者阿尔弗雷德·诺贝尔所发明的甘油炸药就是例子。这种"爆破油"原本是为开凿隧道所用，却迅速变成战争中的杀人武器。同年，玛丽和皮埃尔的小女儿艾芙降生了。皮埃尔经过第二次申报，终于成功被巴黎科学院（即法兰西科学院）聘用。他不断争取为自己建造一个实验室，却迟迟得不到批复。他如此迫切也是希望有朝一日能由玛丽来管理它。但当时，他们还是别无选择，只能继续窝在简陋的小棚子里工作。

遗憾的是，皮埃尔最终没能等到踏入自己实验室的那天——1906年4月19日，这个阴雨绵绵的日子成为玛丽人生中最黑暗的一天。中午，皮埃尔撑着伞走在街上，还把大衣领子高高地立起来。过马路时，他正在想着什么事情，一驾马车突然从转角冲过来，撞向了他。他跌倒在地，被卷入轮下，当场死亡。玛丽听到噩耗后呆立在原地，她不停地追问："皮埃尔死了？真的死了？"

那天伊雷娜和艾芙在朋友家玩，玛丽让她们在朋友家多待几天。葬礼举行之后她们才得知再也见不到父亲了。皮埃尔被安葬在了索镇，和他的母亲葬在一起。下葬前，玛丽把皮埃尔最喜欢的一张照片放进了棺材，照片上的玛丽一副"乖乖小女生"的样子——皮埃尔过去经常这样叫她，逗她开心。

[①]1903年，居里夫妇因身体等原因未能前往斯德哥尔摩领奖，领奖报告是后来补做的。

擢升为教授

一连几周,玛丽都像人偶一样,一言不发,孑然独处,失魂落魄。她失去的不只是心爱的丈夫,也是最重要的同事。但工作还要继续!白天她在实验室埋头苦干,夜里她写日记和皮埃尔对话:"我的皮埃尔,我还是不能接受你已经离开的事实,从现在起我只能靠着思念生活,无法再向我生命中挚爱的伴侣微笑。"

为了纪念皮埃尔,法国政府表示愿意向玛丽支付终身养老金。她坚决拒绝了这项提议。"我不要养老金,我还年轻,可以自己工作赚钱养活我和孩子。"皮埃尔去世四周后,其生前任教的大学派人请玛丽继续教授她丈夫的讲座课程。这是继诺贝尔奖之后,又一个引发轰动的新闻——玛丽·居里成为第一位受聘在大学讲课的女性。她答应了,但在日记里忿忿不平地写道:"皮埃尔,还有几个傻瓜说恭喜我呢!"玛丽嫌弃他们假惺惺的祝福,毕竟人人都知道,要不是皮埃尔去世了,玛丽永远不可能在风气古板的索邦大学教书。

1906年11月5日,众多学生、记者、同事、艺术家和好奇的人通通涌向大学,以至于阶梯教室都容纳不下了,门口、走廊,甚至外面的院子都被挤得水泄不通,大家都想目睹这位"知名教授遗孀"的风采。玛丽的表现怎么样呢?她手扶讲桌,从容不迫,从皮埃尔中断的那个部分开始,准确无误地讲下去。讲完便不再多言,转身离开。作为女性,她要格外努力地证明自己。两年后,她终于受聘为正式教授,拥有了固定的薪酬。为了离皮埃尔更近,玛丽带着两个女儿和公公搬去索镇。每天她都坐火车往返巴黎,继续研究放射性课题。在这期间,她在一些朋友的协助下,确立了一个显示镭的强度的度量单位——居里,1居里相当于1克镭每秒钟的放射性活度,并且获得了国际认可。1910年,她发表了一篇长达971页的关于放射性的论文。

玛丽不太喜欢刻板的教学方式，不愿意把年轻人集中在"通风不良"的教室里上课。于是她与同事合作，为孩子们组织了一种现代的教学方式。这些知名学者亲自上阵讲授不同科目，孩子们可以得到大师的指点和启发，还可以自己做实验。玛丽的大女儿伊雷娜痴迷于此，大学专业选择了物理和化学。而小女儿艾芙则喜欢上了艺术。

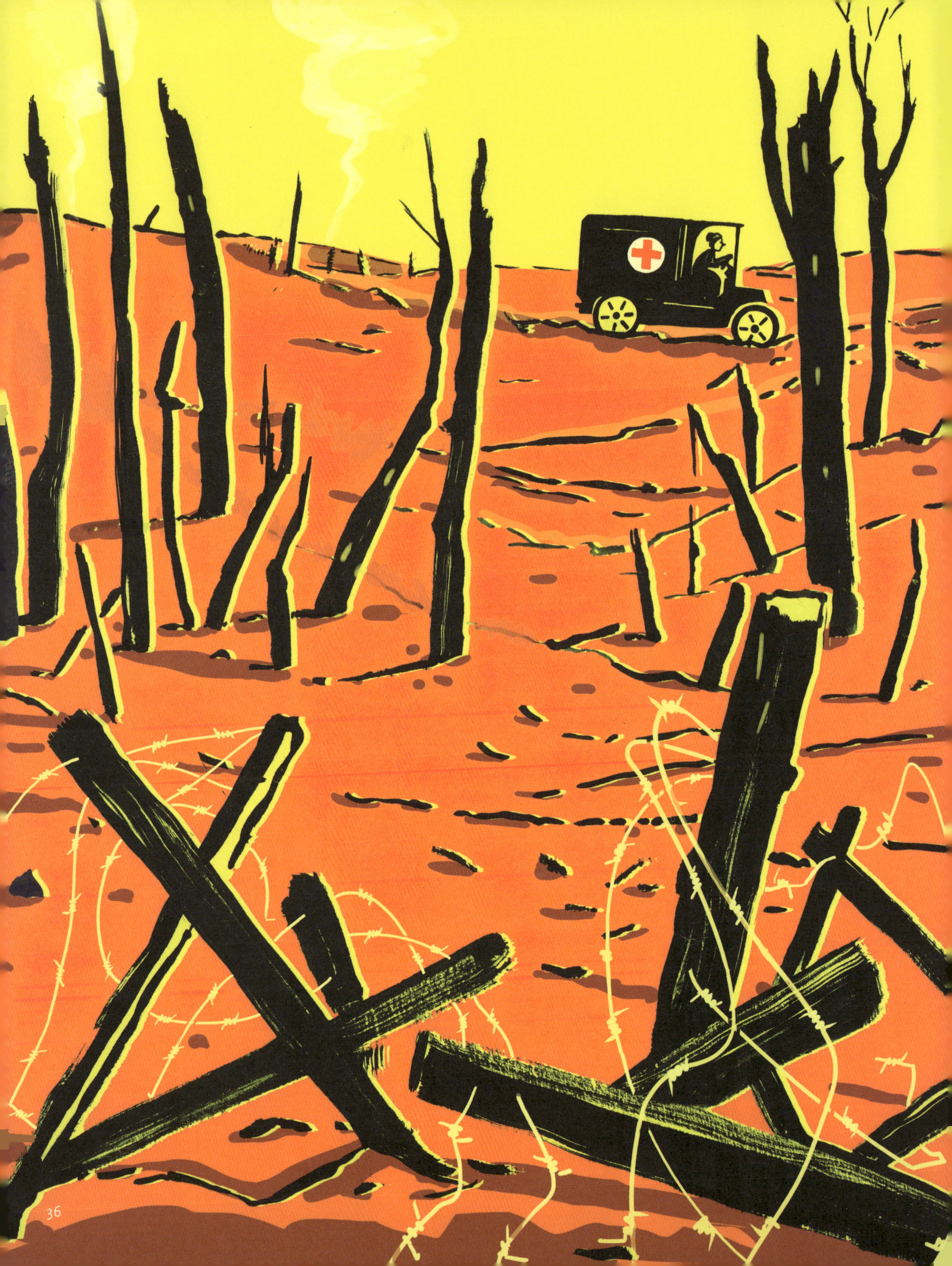

"小居里"——X光医疗车

伊雷娜成为玛丽最重要的依靠。1911年,十四岁的她陪着母亲前往斯德哥尔摩领取了诺贝尔化学奖。四十四岁的玛丽心力交瘁,身体疼痛难忍,无法直立。回到法国后,她的身体就垮掉了。伊雷娜放心不下,便寸步不离地照顾着母亲。玛丽做完肾脏手术后,渐渐地又能自己走路了。不久后,她们又收到了一个好消息:学校当初答应要给皮埃尔的实验室终于开始投入建设,居里夫人可以拥有和领导自己的镭研究所了。1914年7月,实验室建设完毕,但没能马上投入使用。因为在同年8月3日,德军入侵比利时,德国向法国宣战。新式武器轮番上阵,这场战争空前残酷。

玛丽的男同事们被征召上前线。这位勇敢的女性想到战场上艰苦的条件,决定用自己独特的方式为大家服务——她接手领导红十字会的放射检查中心,主持开办了数百个固定的放射检查站,并装备了二十辆流动X光医疗车,人们把这种车称作"小居里"。居里夫人还专门考了驾照,和伊雷娜一起开车奔波在各个战区之间,指导医护人员,并亲自操作X光设备做诊疗。在长达四年的战争时间里,她的放射检查中心诊治了不计其数的重伤员。

1918年，战争结束后，玛丽便立即投入抗癌研究中。她的研究工作向来缺少资金，进展困难。研究所里仅有1克纯净的镭，她急需更多的镭，但这种物质非常昂贵。此时，一个小插曲帮了大忙。尽管居里夫人不太喜欢和记者打交道，但她还是接受了一位美国女记者的采访。记者对这位女科学家肃然起敬，最后她提问："如果您可以许一个愿望，您想得到什么呢？"怀着炽烈的研究热情，玛丽给出了最无私的回答："我希望我的研究所还能再有1克镭。但这要花费10万美元。"

回到美国后，这位记者呼吁美国女性为世界首位诺贝尔奖的女性得主捐款，钱最终筹到了！1921年，玛丽带着两个女儿来到美国，亲自领取这宝贵的镭元素。她受到美国总统沃伦·G.哈丁的接见，并拜访了大学、工厂、音乐厅，处处有人为她欢呼喝彩。此时玛丽的听力愈加退化，视力愈加衰退，难以承受喧嚣吵闹，便提前返回了欧洲。她面临失明的危险，随后几年她做了多次眼部手术。

身后荣誉

伊雷娜完成大学学业后，便和母亲一起在镭研究所工作。1926年，她与同事弗雷德里克·朱利奥结婚，玛丽很器重这位年轻人。1929年，玛丽再度赴美，领取美国人民又一次为她募捐到的1克昂贵的镭。三年后，生于波兰长于波兰的她将这1克镭亲自赠送给了家乡华沙。1932年，她在华沙开设了第二家镭研究所，由两位来自法国的研究员主持工作，他们都是玛丽最好的同事。而巴黎研究所的领导工作则交接给了伊雷娜，因为玛丽越来越力不从心了。

医生推测，玛丽病情严重，可能是患了肺结核，因此安排她住进了一家肺病疗养院。实际上，是贫血导致她如此虚弱，她在长年的研究工作中接触了过多的放射线，辐射摧毁了她的身体，导致她卧床不起。

1934年7月4日,玛丽在女儿艾芙的怀抱中去世。她的遗体被运到索镇,安葬在皮埃尔的身边。

作为母亲,玛丽骄傲地见证了伊雷娜和弗雷德里克·朱利奥发现人工放射性物质。遗憾的是她没有看到两人因为这项发现而被授予诺贝尔奖。逝世六十一年后,玛丽又获得了一项特殊荣誉——她和丈夫皮埃尔的棺木被移入巴黎先贤祠。这座荣誉殿堂里安葬着法国最重要、最伟大的人物,玛丽·居里是第一个被安葬于此的女性。她是非凡人物,是伟大的科学家,也是第一个向人类医学界指明战胜癌症道路的人。

Marie Curie – eine Frau verändert die Welt
Text copyright © 2022 Christine Schulz-Reiss
Illustrations copyright © 2022 Regina Kehn
© Kindermann Verlag Berlin, 2022
Chinese language edition arranged through HERCULES Business & Culture GmbH, Germany
Simplified Chinese translation copyright © 2024 by Beijing Everafter Culture Development Co., Ltd.
All rights reserved.

江苏省版权局著作权合同登记　图字：10-2024-79号

图书在版编目（CIP）数据

玛丽·居里：改变世界的女性 /（德）克里斯蒂娜·舒尔茨·莱斯著；（德）雷吉纳·凯恩绘；郭鑫译. — 南京：南京大学出版社，2024.9. — ISBN 978-7-305-28300-0

Ⅰ. K835.656.13-49

中国国家版本馆CIP数据核字第202498CZ38号

出版发行	南京大学出版社
社　　址	南京市汉口路22号　邮　编　210093
项目人	石　磊
策　　划	刘红颖
特约策划	奇想国童书

MALI·JULI: GAIBIAN SHIJIE DE NÜXING

书　　名	玛丽·居里：改变世界的女性
著　　者	[德]克里斯蒂娜·舒尔茨·莱斯
绘　　者	[德]雷吉纳·凯恩
译　　者	郭　鑫
责任编辑	张　珂
项目统筹	李婉婷
装帧设计	李　琳
印　　刷	河北鹏润印刷有限公司
开　　本	889mm×1194mm　1/16开　印　张　3　字　数　30千
版　　次	2024年9月第1版　印　次　2024年9月第1次印刷
ISBN 978-7-305-28300-0
定　　价	59.80元

网　　址	http://www.njupco.com　官方微博　http://weibo.com/njupco
官方微信号	njupress　销售咨询热线：（025）83594756

★ 版权所有，侵权必究
★ 凡购买南大版图书，如有印装质量问题，请与所购图书销售部门联系调换